CW00507633

BEI GRIN MACHT SI
WISSEN BEZAHLT

- Wir veröffentlichen Ihre Hausarbeit, Bachelor- und Masterarbeit
- Ihr eigenes eBook und Buch - weltweit in allen wichtigen Shops
- Verdienen Sie an jedem Verkauf

Jetzt bei www.GRIN.com hochladen und kostenlos publizieren

GRIN

Augustus und sein Prinzipat im Blickfeld des Nationalsozialismus

Johannes Löhr

Bibliografische Information der Deutschen Nationalbibliothek:

Die Deutsche Nationalbibliothek verzeichnet diese Publikation in der Deutschen Nationalbibliografie; detaillierte bibliografische Daten sind im Internet über http://dnb.d-nb.de abrufbar.

ISBN: 9783346903976
Dieses Buch ist auch als E-Book erhältlich.

Druck und Bindung: Books on Demand GmbH, Norderstedt Germany
Gedruckt auf säurefreiem Papier aus verantwortungsvollen Quellen

Das vorliegende Werk wurde sorgfältig erarbeitet. Dennoch übernehmen Autoren und Verlag für die Richtigkeit von Angaben, Hinweisen, Links und Ratschlägen sowie eventuelle Druckfehler keine Haftung.

Das Buch bei GRIN: https://www.grin.com/document/1371178

Fachbereich 05 Gesellschaftswissenschaften
Fachgruppe Alte Geschichte
Seminar Zwischen Wissenschaft und Politik: Alte Geschichte im Nationalsozialismus und Faschismus

Hausarbeit

Augustus und sein Prinzipat im

Blickfeld des Nationalsozialismus

Inhaltsverzeichnis

1. Einleitung

„Möge es mir vergönnt sein, den Staat auf eine gesunde und sichere Basis zu stellen und den Lohn dafür zu empfangen, den ich mir wünsche: als Urheber der besten Verfassung zu gelten und die Hoffnung mit mir ins Grab nehmen zu können, daß die Grundlagen des Staates, die ich legte, unerschütterlich bleiben werden."[1]

Augustus nach Suetons Leben des vergöttlichten Augustus XXVIII

Wenn man Suetons[2] Worten Glauben schenken kann, so war Augustus von seinem Lebenswerk vollends überzeugt und rechnete damit, dass das von ihm geschaffene System der Staatsführung die Möglichkeit habe, fortwährend zu existieren. Diese Einschätzung hat sich zwar nicht in der von ihm formulierten Weise bewahrheitet, aber sein Vermächtnis überdauerte eine sehr lange Zeit. Augustus stirbt im Greisenalter 14. n. Chr. in seinem Bett und hinterlässt ein römisches Weltreich, welches noch über einen sehr langen Zeitraum die Entwicklungen der damaligen uns bekannten Welt maßgeblich beeinflusste. Kurz nach seinem Tod wird Augustus auf Senatsbeschluss vergöttlicht und seine Asche feierlich bestattet.[3] Sein Erbe, das römische Weltreich, beeindruckte durch eine enorme Stabilität, einer langen Friedensperiode und durch ein für damalige Verhältnisse ungemein hohes ökonomisches, kulturelles und technisches Niveau.[4]

Während Augustus ein Vermächtnis schaffte, das lange überdauerte, erschoss sich Adolf Hitler nach 12-jähriger Schreckensherrschaft in seinem Führerbunker und hinterließ nichts als Schutt und Asche. Von Stabilität, einer blühenden Stadtkultur oder einer intakten Wirtschaft im Jahr 1945 war Hitler im Vergleich mit Augustus nach seinem Tod Lichtjahre entfernt. Es ist bekannt, dass Adolf Hitler im Gegensatz zu seiner nächsten Umgebung weit weniger von den Germanen[5]

---

1 Suet. Aug. 106,4,28.
2 Suetons Werke sind in der Forschung sehr umstritten, da es bekannt ist, dass Sueton oftmals die geschichtlichen Prozesse ausschmückte, da er zu einer Zeit lebte, in der viele seiner Zeitgenossen noch den genauen Sachverhalt kannten.
3 Vgl. Grimm 2002, 208.
4 Vgl. Flaig 2016, 8.
5 Die Stämme nördlich des römischen Reiches im heutigen deutschen Raum.

angetan war und stattdessen die kultivierten Römer und Griechen bevorzugte. Insbesondere Kaiser Augustus faszinierte ihn, sodass er sich gerne mit ihm von Althistorikern vergleichen ließ.[6] In einer Rechenschaftsrede an Roosevelt im Jahr 1939 versuchte Hitler in seiner Rede seine Erfolge, Ziele und sein allgemeines politisches Handeln mit den Erfolgen von Augustus gleichzusetzen.

In dieser Hausarbeit soll der Frage nachgegangen werden, ob Adolf Hitler mit seiner Rechenschaftsrede aus dem Jahr 1939 Kaiser Augustus plagatierte. Im Fokus liegt also die Instrumentalisierung des Augustusbildes für den Nationalsozialismus durch die deutsche Althistorik und inwieweit Hitler sich selbst mit Augustus in Beziehung stellte. Stellvertretend für die deutsche Althistorik werden die Historiker Ernst Kornmann und Wilhelm Weber herangezogen, sowie die Quellen Res Gestae Divi Augusti[7] und der Rechenschaftsbericht von Hitler aus dem Jahr 1939.

Zuerst wird in dieser Hausarbeit das Prinzipat des Augustus in seinen Grundzügen erläutert, das die Althistoriker Kornemann und Weber mit dem Führerstaat im dritten Reich zueinander in Beziehung stellen. Anschließend wird das Bild des Kaiser Augustus in der heutigen Geschichtswissenschaft aufgezeigt, um besser die Ausführungen über Augustus in der NS-Zeit einordnen zu können Denn anschließend werden die „wissenschaftlichen" Arbeiten der beiden Althistoriker hinsichtlich von Parallelen zwischen Hitler und seinem Führerstaat und Augustus und seinem Prinzipat kritisch betrachtet. Danach werden die geschichtlichen Ereignisse, die sich vor der Rechenschaftsrede Hitlers abgespielt haben, dem/der Leser/in näher gebracht. Abschließend werden die beiden Quellen analysiert und miteinander verglichen, um die Staatshandlungen von Augustus mit denen von Adolf Hitler kritisch zu hinterfragen.

2. Das Prinzipat des Augustus

2.1 Erklärung

---

6 NZZ (o.A.) 04.08.2002.
7 Die Tatenberichte des vergöttlichten Augustus.

Das Prinzipat beschreibt das von Kaiser Augustus geschaffene Herrschaftssystem, welches auch als Kaisertum bekannt ist. In diesem steht steht der *princeps*, also der erste Mann des Staates, über dem Senat, den Volkstribunen und den Konsuln. Durch das vorangegangene Scheitern seines Adoptivvaters Gaius Julius Caesar wählte Augustus nach seiner Durchsetzung gegen seine Konkurrenten eine andere Vorgehensweise. Es durfte nicht der Eindruck erweckt werden, so wie bei Caesar, eine Monarchie anzustreben. Demnach war auch das von Augustus geschaffene Prinzipat keine klassische Monarchie. Gewollt öffentlichkeitswirksam hat sich Augustus ins Bild gesetzt, wie er die *res publica*[8] an das Volk und den Senat zurückgibt und sich anschließend mit Sondervollmachten ausstatten lässt. Der Widerspruch zwischen einer „wiederhergestellten Republik und der Machtvollkommenheit des Prinzeps konnte allein durch die Akzeptanz der besonderen Leistung und Autorität des [zukünftigen] Herrschers ausgeglichen werden."[9] Dadurch hatte Augustus die vollständige Kontrolle, lief aber nicht Gefahr ermordet zu werden. Obwohl es weiter Volksabstimmungen, den Senat und Konsuln gab, hatten diese in der Summe kaum noch Entscheidungskraft. Sie erweckten aber den Eindruck, dass die römische Republik weiterhin existierte und er für keine Monarchiebestrebungen beschuldigt werden konnte. Nach dem Historiker Jochen Bleicken sei das Kernstück der kaiserlichen Gewalt der Oberbefehl über das römische Heer.[10] Demnach waren die wichtigsten Neuerungen zum Einen die Abschaffung des Bürgerheeres durch ein stehendes Berufsheer und zum Anderen die neue Reichsverwaltung, die die charakteristische Stadtstaatsverwaltung ablöste. Die neue Reichsverwaltung, die die Macht auf Kaiser Augustus zentrierte, zeichnete maßgeblich das neue Imperium Romanum aus.

2.2 Das Augustusbild in der heutigen Geschichtswissenschaft

Das Bild von Augustus wird in der heutigen Forschung zwiespältig bewertet. Nach

8 Den römischen Staat.
9 Schlange-Schöningen 2012, 142.
10 Bleicken 1981, 27.

dem Historiker Martin Zimmermann hat Augustus „Wegweisendes für die Verfassung und die Gesellschaftsstruktur geleistet"[11], aber auf der anderen Seite war er als Person äußerst brutal und hat „in vielen Taten keinen Zuspruch verdient."[12] Grundsätzlich wird Augustus sein Schaffen in zwei Teilen betrachtet. Nach dem Historiker Zimmermann gab es seine sehr blutigen und brutalen Anfänge in der Bürgerkriegszeit bis etwa 30 v. Chr., in der Augustus auch „Blutsäufer" genannt wurde.[13] Dafür gelang es Augustus 30 n. Chr. einen umfassenden Frieden durchzusetzen und die Bürgerkriege endgültig zu beenden.

Nichtsdestotrotz lässt sich am Verhältnis zu seinen Angehörigen und insbesondere zu seiner eigenen Tochter Julia erkennen „mit welchem autokratischen Geist und mit welcher Brutalität der Prinzeps zu regieren bereit war."[14] Seine Tochter Julia wurde aufgrund von Staatsangelegenheiten mehrfach verheiratet, weshalb die Beziehung zwischen Augustus und Julia wahrscheinlich voller Spannungen gewesen sein muss. Im Jahre 2. v. Christ. versuchte Julia mit einer Gruppe von Männern Augustus zu stürzen und zu beseitigen.[15] Der Umsturz schlug allerdings fehl und Julia wurde von Augustus verbannt, wo sie letztlich „erbärmlich ums Leben gekommen"[16] war.

Nach Zimmermann sei es schwierig Kaiser Augustus überhaupt als Vorbildfigur zu sehen, weil er diese zwei Seiten hatte und Augustus zu dieser Zeit die gesamte Geschichtsschreibung kontrolliert und es deshalb keine detaillierte Zeitgeschichtsschreibung gibt.[17]

3. Augustus und sein Prinzipat im Blickfeld der Althistorik in der nationalsozialistischen Ära

3.1 Ernst Kornemann (1868-1946)

---

11 Zimmermann 2014.
12 Zimmermann 2014.
13 Vgl. Zimmermann 2014.
14 Schlange-Schöningen 2012, 141.
15 Vgl. Schlange-Schöningen 2012, 141.
16 Schlange-Schöningen 2012, 141.
17 Vgl. Zimmermann 2014.

Der deutsche Althistoriker Ernst Kornemann stammte aus Rosenthal in Hessen und studierte nach dem Abitur an der Universität Gießen ab 1887 Geschichte, Philologie und Geographie. Im Jahr 1889 wechselte er an die Universität Berlin, wo er unter anderem von einem der bedeutendsten Altertumswissenschaftlern Theodor Mommsem gelehrt wurde. Zwei Jahre später promovierte er bei dem ehemaligen Mommsenschüler Otto Hirschfeld. Anschließend folgten einige Jahre als Gymnasiallehrer in Gießen. Mit seiner Arbeit „Zur Stadtentstehung in den ehemals keltischen und germanischen Gebieten des Römerreichs" habilitierte er sich. An der Universität Gießen vertrat Kornemann die alte Geschichte in Gießen. 1902 nahm Kornemann als außerodentlicher Professor eine Stelle an der Universität Tübingen an, wo er bis zum ersten Weltkrieg lehrte.[18] Schon sehr früh erregte Ernst Kornemann großes Aufsehen als Professor der alten Geschichte durch seine temperamentvollen Vorlesungen.[19] 1918 übernahm er als Nachfolger Walter Ottos den Lehrstuhl für alte Geschichte an der Universität Breslau. Bis zu seiner Emeritierung im Jahr 1936 wirkte er dort. Nach dem Zusammenbruch des Nationalsozialismus wurde er 1946 kurz vor seinem Tod noch mit Fachvertretung der alten Geschichte in München beauftragt.[20] Der Historiker Ernst Kornemann verkörpert nach Ines Stahlmann: „geradezu die historische Kontinuität der deutschen Altertumswissenschaft vom deutschen Kaiserreich bis ins Nachkriegsdeutschland."[21]

Dies spiegelt sich auch in den sich immer wechselnden Auffassungen Kornemanns über Kaiser Augustus und seinem Prinzipat wieder. In der Kaiserzeit bewertet Kornemann in seinen wissenschaftlichen Arbeiten das Prinzipat sachlich bis positiv. Dies lässt sich damit begründen, dass Kornemann während der Kaiserzeit die augusteische konstitutionelle Verfassung als staatsrechtliches Ideal begriffen hatte.[22] Nach dem Zerfall des Kaiserreichs und der Niederlage Deutschlands im ersten Weltkrieg bewertete Kornemann die gleichen Strukturen negativ und gab dem caesarischen Modell den Vorzug. Sein eher abschätziges Urteil bezog sich vor

18 Vgl. Stahlmann 1988, 130.
19 Vgl. Bengtson 1974, 639.
20 Vgl.Stahlmann 1988, 130.
21 Stahlmann 1988, 130.
22 Vgl. Stahlmann 1988, 153.

allem auf die Doppelprinzipatsthese[23]. Schon sehr früh entwickelten manche Althistoriker „ein Prinzipatsverständnis, das deutlich von faschistischen Führervorstellungen geprägt war."[24] In der Zeit des dritten Reiches wird das augusteische Prinzipat auch von Kornemann als erster Führerstaat stilisiert. Schon 1933 lassen sich bei Kornemann deutliche nationalsozialistische Tendenzen erkennen. In der 1933 erschienen dritten Auflage seines Werkes „Einleitung in die Altertumswissenschaft" blieben die inhaltlichen Ausführungen nahezu identisch, aber es wurden einzelne Phrasen mit nationalsozialistischem Gedankengut, wie z.b. die Rassenverschlechterung durch Sklaveneinfuhr, hinzugefügt.[25] Im Gegensatz zu Kornemanns früheren Ansichten in der Weimarer Republik wird nun Augustus ein beispielhafter Charakter zugesprochen. Kornemann sieht das Prinzipat als Verwirklichung des Ideals einer Verfassung, lobt die vorbildliche Staatsorganisation des Augustus und die volkspsychologische Behandlung der Massen.[26] In seinen Arbeiten zurzeit der Weimarer Republik vertrat Kornemann noch die Meinung, dass das Doppelprinzipat eine große Schwäche sei, während er bei einer Rede von 1937 seine damaligen republikanischen Deutungen des Prinzipats verleugnete und es als monarchisch bewertete.[27] Nach Ines Stahlmann habe Kornemann Augustus als ersten Führer stilisiert. Augustus habe eine ewige Monarchie errichtet, aus der die Führer aus Kornemanns Zeit stammen.[28] Adolf Hitler wird also von Kornemann mit Augustus in Beziehung gestellt, was er aber nicht direkt zum Ausdruck bringt, was sich aus seiner Redensweise aber interpretatorisch ergibt. Kornemann stellte Augustus und die Führer seiner Zeit „als Personifizierungen der ewigen Monarchie"[29] dar. Diese Ansichten werden besonders deutlich in einer seiner Arbeiten von 1937:

„Die hier zum ersten Mal in der Weltgeschichte geschaffene Führerstellung eines einzelnen Mannes, der sich durch eigene Kraft und sittliche Höhe emporgearbeitet hat, muß von jedem, der nach nach ihm auf diese schwindelnde Höhe gelangt, immer wieder neu erobert werden. Die

23 Das Doppelprinzipat meint die gleichwertige Mitregentschaft des Senats im augusteischen Prinzipat.
24 Platen 2002, 101.
25 Stahlmann 1988, 145.
26 Vgl. Stahlmann 1988, 145.
27 Vgl. Stahlmann 1988, 145-146.
28 Vgl. Stahlmann 1988, 151-152.
29 Stahlmann 1988, 147.

Menschheit erzeugt nur selten wieder einen wahren Augustus, der pater patriae im höchsten Sinne des Wortes genannt werden darf. Es war um die große Zeitenwende der europäischen Geschichte vor 2000 Jahren das unerhörte Glück Roms, daß ihm zur rechten Zeit der rechte Führer in Gestalt des Imperator Caesar Augustus geboren wurde. Er hat seinen Zeitgenossen noch einmal das Verständnis für die größte völkische Kraftquelle des Römertums zum Bewußtsein gemacht."[30]

In seinen Äußerungen findet man viele subtile Vergleiche mit Adolf Hitler und der nationalsozialistischen Ideologie. Ich weise nochmals daraufhin, dass es sich lediglich um eine Interpretation seiner Aussagen handelt, weil sie eben sehr zweideutig von Kornemann formuliert worden sind. Direkt zu Beginn spricht Kornemann von einer geschaffenen Führerstellung eines einzelnen Mannes, die immer wieder neu erobert werden muss. Er legitimiert mit dieser Aussage, dass auch Hitler wie Augustus sich seine Führerstellung erobern musste. Darüber hinaus zieht er einen indirekten Vergleich zu Hitlers Machtaufstieg, indem er Augustus attestiert, dass auch dieser sich aus eigener Kraft emporgearbeitet hat. Dies wird auch von den Nationalsozialisten bezüglich Adolf Hitler propagiert. Anschließend merkt Kornemann an, dass die Menschheit nur selten wieder einen wahren Augustus zeugt. Damit impliziert er, dass es auch nach Augustus Menschen geben wird, die wie Augustus dann über andere herrschen werden, sofern sie die selben oder ähnliche Fähigkeiten besitzen. Auch der Archäologe Günter Grimm ist der Meinung, dass Kornemann in subtiler Weise Augustus als frühe Führergestalt mit den Führern seiner Zeit in Verbindung brachte und sie als Personifizierung der ewigen Monarchie darstellte, „so daß sich schließlich ganz zwanglos eine Kontinuität und Seelenverwandtschaft"[31] ergab. Man könnte Kornemann vorwerfen, dass er diesen Umstand als notwendigen oder natürlichen Prozess ansieht. Denn er spricht davon, dass es das unerhörte Glück Roms war, daß ihm zur rechten Zeit der rechte Führer geboren wurde. Abschließend wird Augustus attestiert, dass dieser den Römern ihre größte völkische Kraftquelle bewusst gemacht hat. Auch hier findet sich ein sehr klarer Vergleich zu der von den Nationalsozialisten propagierter Volksgemeinschaft und ihren Attributen. Kornemanns Arbeiten und Ansichten waren mit der Zeit also immer mehr vom

30 Kornemann 1937, 15.
31 Grimm 2002, 206.

9

nationalsozialistischen Gedankengut geprägt. Auch Hitlers Ausführungen über die römische Geschichte sprach er viel Bewunderung aus. Hitlers Diktum über die römische Geschichte wertet er auch als eine „Lehrmeisterin unseres Lebens und Denkens."[32] Ende der dreißiger Jahre sprach Kornemann dem Prinzipat des Augustus zu, dass dieses der bedeutendste autoritäre Führerstaat der Antike war und man das Problem „Führer und Masse" sehr gut an der römischen Geschichte ablesen könne.[33] Kornemann legitimiert das Führerprinzip im dritten Reich durch die römischen Geschichte. Nach Ines Stahlmann sei die Umorientierung nach der Machtergreifung der Nationalsozialisten lediglich der Versuch Kornemanns gewesen, dem deutschen Führerstaat eine historische Ahnenreihe zu konstruieren.[34] Es lässt sich heute nicht mehr mit Sicherheit sagen, ob Kornemann ein glühender Nationalsozialist war. Es ist aber bewiesen, dass Kornemann den Nationalsozialismus akzeptierte und sich der Ideologie in vielen Bereichen verschrieb. Vermutlich sah Kornemann im Nationalsozialismus die Chance seiner Professur mehr Aufmerksamkeit zukommen zu lassen. Die von ihm geförderte Verbindung der alten Geschichte mit dem Nationalsozialismus macht sein Fach Alte Geschichte auch für die damaligen politischen Träger des dritten Reiches interessant. Viele damalige Althistoriker haben nach Kriegsende behauptet, dass sie nationalsozialistisches Gedankengut in ihre wissenschaftlichen Arbeiten einfließen ließen, um die alte Geschichte auch nach der Machtergreifung erhalten zu können. Denn ohne die Anerkennungen der Nationalsozialisten für ihre Arbeit wäre es sehr schwer gewesen das Fach Alte Geschichte auch für die Zukunft zu erhalten. Doch viele Althistoriker profitierten auch persönlich von der Gunst der Nationalsozialisten und konnten in der Hierarchie wesentlich einfacher als zuvor aufsteigen. Welche Beweggründe Kornemann hatte, lässt sich heute nicht mehr abschließend sagen, aber sein Engagement und seine Arbeiten zurzeit des Nationalsozialismus lassen letzteres vermuten.

3.2 Wilhelm Weber (1882-1948)

32 Stahlmann 1988, 148.
33 Stahlmann 1988, 148.
34 Stahlmann 1988, 154.

Genauso wie Kornemann erlebte Wilhelm Weber die unterschiedlichen deutschen Staatsformen in der ersten Hälfte des 20. Jahrhunderts. Sein Studium an der Universität Heidelberg beendete er mit einer Dissertation über „Untersuchungen zur Geschichte des Kaisers Hadrianus". Nach seinem Studium war er zuerst wie Kornemann als Gymnasiallehrer tätig. Im Jahr 1911 habilitierte sich Weber in Heidelberg und er wurde ein Jahr später in Groningen zum ordentlichen Professor ernannt. Nach Stahlmann habe Weber „die so lang ersehnte große Bühne"[35] erst im Nationalsozialismus gefunden. Seine „großen Erfolge" verzeichnete Weber demnach auch erst in der nationalsozialistischen Ära. Nach Stahlmann habe „Webers geradezu messianischer Glaube an die schöpferische Einzelpersönlichkeit, die seit 1933 Hitler für ihn verkörperte, [...] in Augustus ein historischen Vorbild"[36] gefunden. Webers Werke „Der Prophet und sein Gott" von 1925 und „Princeps" von 1936 stehen deshalb im direkten Zusammenhang mit seiner uneingeschränkten Identifizierung mit dem nationalsozialistischen Gedankengut. Webers Messianismus, also sein Glaube an eine religiöse und politisch-soziale Heilserwartung durch einen Erlöser oder Erretter, trieb Weber förmlich in die Arme der Nationalsozialisten. Schon seit dem Ende des Kaiserreiches hoffte Weber auf einen Deutschland erlösenden Retter. Weber pries Hitler nach seine Machtergreifung als erschienenen Führer, der seit zwei Jahrzehnten erfleht wurde, an.[37] Schon 1933 wurde Weber zum wichtigsten Repräsentanten der römischen Geschichte und ihm wurden von den Nationalsozialisten viele hohe Ämter angetragen.

Webers Augustusbild ist ebenfalls von seinem Messianismus geprägt. Das bedeutet in Kaiser Augustus fand er für seinen messianischen Glauben an die schöpferische Einzelpersönlichkeit ein historisches Vorbild.[38] Obwohl nach Weber die Installierung einer Monarchie in ein altes Staatsgefüge ein gewisses Durcheinander mit sich brachte, habe sich das das Prinzipat zum idealen, Norm werdenden Herrschertum entwickelt.[39] Nach Weber war „dieses Werk eines der kunstvollen,

35 Stahlmann 1988, 156.
36 Stahlmann 1988, 156.
37 Vgl. Stahlmann 1988, 175.
38 Vgl. Stahlmann 1988, 156.
39 Vgl. Weber 1940, 223.

die je auf lange Sicht geschaffen wurden."[40] Zusammenfassend lässt sich sagen, dass nach Weber die von Augustus geschaffene Herrschaftsform ein Ideal war, welches auch noch für zukünftige Herrscher richtungsweisend sein sollte. In Webers Arbeiten wird Kaiser Augustus also als ein durchgehend vollkommener Herrscher[41] dargestellt, der in keinster Weise kritisch betrachtet wird. Der folgende Abschnitt aus Webers Arbeit: „Römische Geschichte bis zum Zerfall des Weltreichs" verdeutlicht nochmals die Stilisierung von Augustus als beispielhaften Herrscher und die Mystifizierung des Prinzipats, an dem sich alle anderen Herrscher messen sollten:

„Eine Fülle von schönen Gebärden, die das Leben adeln, als dauere das alte Adelsregiment allzeit, ein wundersames Spiel mit diesen uralten Formen, das gerade die klugen und erfolgreichen Herrscher pflegten, nicht weil sie schwach, nachgiebig waren, sondern weil Rom seine Formen liebt und erhält, solange sie einen Funkeln Leben zeigen. Die Herrscher verloren nicht, wenn sie diese Maske trugen. Sie entwaffneten alle innersten Widerstände, gewannen wie Augustus Vertrauen, Bewunderung, Anhang, Gefolgschaft gerade der Besten des Volkes; sie erfüllten nach dem Glauben aller das Ideal des Augustus und galten so als gute Herrscher."[42]

Stahlmann fasst sehr passend Webers Auffassung zusammen, indem sie sagt, dass Augustus die historische Beglaubigung und Hitler der aktuelle Beleg für Webers Glaube an eine schöpferische Führerpersönlichkeit sind.[43] Weber stellte also Adolf Hitler genauso wie Kornemann in eine direkte Beziehung mit Augustus.

3.3 Idealisierung von Augustus

Man kann sehr gut an Weber und Kornemann die zunehmend idealisierende Haltung der deutschen Althistorik von Augustus und seinem Prinzipat erkennen. Grund hierfür wird die politische Situation in Deutschland nach der Machtergreifung der Nationalsozialisten gewesen sein.

40 Weber 1940, 223.
41 Weber 1940, 241.
42 Weber 1940, 344-345.
43 Vgl. Stahlmann 1988, 182.

Während noch früher bis zur Weimarer Republik das Prinzipat von Augustus als ambivalente Staatsform kritisch betrachtet wurde, kam es im Nationalsozialismus zu einer Stilisierung von Augustus. Augustus wird als Abbild eines gottgleichen Herrschers dargestellt, der in jeder seiner Entscheidungen wegweisend war. Die Herstellung einer Verbindung des augusteischen Prinzipats mit dem deutschen Führerstaat brachte für die Althistorik viele Vorteile, weil sie so ihr Fach neue aufblühen lassen konnten, indem sie ihrem Fach eine neue Bedeutung zukommen ließen. Nach ihnen sei der deutsche Führerstaat aus dem augusteischen Prinzipat entstanden und seien somit Ahnenverwandte. Auch den Nationalsozialisten kam die Konstruktion einer historischen Ahnenreihe sehr zu gute, da sie ihre Herrschaft anhand der Geschichte legitimieren konnten. Auch heute noch stellt der Gegenwartsbezug für die Notwendigkeit der Auseinandersetzung mit der Geschichte ein wichtiges Merkmal für ihre Daseinsberechtigung dar. Doch viele Althistoriker vernachlässigten dabei erheblich den wissenschaftlichen Aspekt, um wie hier z.B. die Überlieferungen von Kaiser Augustus passgenau auf den Führerstaat anzuwenden. Letztendlich haben Weber und Kornmann ihre wissenschaftliche Aufklärungspflicht gegenüber dem Volk dem Nationalsozialismus untergeordnet, um selbst davon zu profitieren. Sie haben zwar dadurch die Althistorik im Nationalsozialismus als Wissenschaft erhalten können, jedoch dafür in Kauf genommen, dass die eigentliche wissenschaftliche Auseinandersetzung mit der Althistorik so gut wie nicht mehr stattfand.

4. Hitler ein Bewunderer des Kaiser Augustus

4.1 Staatsbesuch Hitlers in Italien 1938

Nach dem Anschluss Österreichs in das deutsche Reich 1938 besuchte Adolf Hitler vom 3. bis 9. Juli den Duce des italienischen Faschismus Benito Mussolini. Italien unter der Führung von Mussolini hatte durch den Äthopienkrieg die eigenen militärischen und politischen Handlungsspielräume stark eingeschränkt. Vor dem Hintergrund „des italienischen Bestrebens, die eigenen Handlungsräume wieder zu vergrößern, versuchte Hitler während seines Besuches in Italien [...], den Gastgeber in ein Militärbündnis zu ziehen."[44] Da diese Zielsetzung vorerst misslang, brachte „der Besuch substantiell wenig"[45], sodass die Verbundenheit der beiden totalitären Systeme inszeniert werden sollte. Denn sowohl Italien als auch das dritte Reichen sahen sich in der Weltpolitik zunehmend isoliert und versuchten nach außen hin Stärke zu zeigen. Darüber hinaus hatte sich das Machtgefüge zwischen Mussolini und Hitler spätestens 1938 zugunsten von Hitler verschoben. Um sich dem Einfluss des dritten Reichs zu entziehen und weiterhin selbstbestimmt sein zu können, ließ Mussolini beim Staatsbesuch Hitlers „keine Möglichkeit aus, Hitler mit den inszenatorischen Mitteln seines Regimes zu beeindrucken."[46]

Beim dem Staatsbesuch Hitlers scheute Mussolini keine Kosten, um seine eigene Diktatur bestmöglich in Szene zu setzen. Bereits der Einzug Hitlers wurde als ein ins Gigantische gesteigerter Triumphzug inszeniert.[47] Überall wo in Rom Armut herrschte oder unregelmäßig bebautes Land war, wurden riesige Fahnenwände installiert. Die antiken Bauwerke in Rom wurden propagandistisch aufbereitet[48], um sie mit Mussolinis Herrschaft in Einklang zu bringen. Die Dokumentation der Antike spielte eine eher sekundäre Rolle, sodass die Monumente lediglich auf ihre Architektur und Wirkung reduziert wurden. Nur wenn die Historie mit dem Nationalsozialismus oder dem Faschismus in Einklang gebracht werden konnte, wurde auf sie hingewiesen.

Mussolini führte Hitler auch zur berühmten Ara Pacis, die Mussolini zuvor originalgetreu wieder aufgebaut hatte. Die Ara Pacis Augustae ist ein Monument in Rom, welches vom römischen Senat zu Ehren von Augustus in Auftrag gegeben worden war, nachdem dieser siegreich in Gallien und Spanien war. Dort hielt Mussolini eine Ansprache und ließ diese mit dem Tatenbericht des Augustus, den „Res Gestae", schmücken.[49] Hitler selbst konnte kein Latein, jedoch ist es sehr

---

44 Scriba 1995, 203.
45 Scriba 1995, 203.
46 Scriba 1995, 204.
47 Scriba 1995, 204.
48 Im Kolosseum wurden z.B. bengalische Feuer entzündet, während die Außenfassade im Dunkeln blieb. Dadurch blieb die architektonische Struktur die Aufschluss über die Geschichte und Rolle des Kolosseum in der Antike gibt im Verborgenen.
49 NZZ 2002.

wahrscheinlich, dass ihm eine Übersetzung vorlag oder ihm jemand zumindest die Bedeutung erläuterte. Deshalb wird Hitler der propagandistische Wert dieser Ansprache nicht entgangen sein,[50] denn Kaiser Augustus hat dort seine Taten, sein Lebenswerk, seine Erfolge und Siege sehr inszenatorisch in Szene gesetzt.

4.2 Hitlers Ansprache 1939

Etwa ein Jahr später, am 28. April 1939, hielt Hitler eine Rede, um zu der Botschaft des amerikanischen Präsidenten Franklin Roosevelt Stellung zu nehmen. Roosevelt forderte in seinem Telegramm im Frühjahr 1939 Hitler dazu auf, die unabhängigen Nationen Europas und den Nahen Osten nicht anzugreifen. Nach einer Zusicherung sollten Besprechungen über Abrüstung und den Ausbau eines internationalen Handels folgen. Roosevelt verfolgte damit das Ziel, noch einen Krieg abzuwenden und Hitler zur Vernunft zu bewegen. Auch an Mussolini wurde ein ähnliches Telegramm verschickt.

Eine Antwort Hitlers auf dieses Telegramm wurde in der Weltöffentlichkeit mit Spannung erwartet. Für diesen Anlass schickten selbst Frankreich und England ihrer Diplomaten wieder zurück nach Berlin, die sie vorher bereits abgezogen hatten.[51] Hitler sah in diesem Telegramm die Möglichkeit sich selbst als Führer des dritten Reiches zu stilisieren, indem er zu dem Telegramm Stellung nimmt. Im Folgenden Kapitel werden einige relevanten Teile für einen exemplarischen Vergleich mit der *Res Gestae Divi Augusti* der Ansprache aufgeführt. Bei der Auswahl mussten viele Passagen entfallen, um den begrenzten Möglichkeiten in dieser Hausarbeit gerecht zu werden. Bei fortwährendem Interesse kann man die vollständige Ansprache bei der hinterlegten Adresse einsehen. Sowohl im Tatenbericht des Augustus, als auch in der Rede Hitlers sind Parallelen schwarz unterstrichen.

50 NZZ 2002.
51 Grimm 2002, 206.

5. Vergleich

5.1 Rechenschaftsbericht Hitlers

„Abgeordnete, Männer des Reichstages!

Der Präsident der nordamerikanischen Union hat an mich ein Telegramm gerichtet [...]. Darüber hinaus aber hielt ich es für zweckmäßig, dem von Herrn Präsidenten Roosevelt eingeschlagenen Verfahren treu zu bleiben und von meiner Seite aus und mit unseren Mitteln der übrigen Welt Kenntnis von meiner Antwort zu geben. [...]

Meine tiefsten Gefühle kann ich nur in der Form eines demütigen Dankes der Vorsehung gegenüber abstatten, die mich berufen hat, und die es mir gelingen ließ, als einstiger unbekannter Soldat des Krieges zum Führer meines heißgeliebten Volkes emporzusteigen. Sie hat mich die Wege finden lassen, um ohne Blutvergießen unser Volk aus seinem tiefsten Elend freizumachen und es wieder aufwärts zu führen. Sie hat es gestattet, die einzige Aufgabe meines Lebens zu erfüllen: Mein deutsches Volk aus seiner Niederlage zu erheben und es aus den Fesseln des schandvollen Diktats aller Zeiten zu erlösen.

Denn dies war das alleinige Ziel meines Handelns. Ich habe seit dem Tag, da ich mich dem politischen Leben zuwandte, keinen anderen Glauben gelebt als den der Wiedererringung der Freiheit der deutschen Nation, der Aufrichtung der Kraft und Stärke unseres Reiches, [...].

Ich habe nur wiederherstellen wollen, was andere einst mit Gewalt zerbrochen hatten, wollte nur wiedergutmachen, was satanische Bosheit oder menschliche Unvernunft zerstörten oder verdarben. Ich habe daher auch keinen Schritt vollzogen, der fremde Rechte verletzte, sondern nur das vor 20 Jahren verletzte Recht wiederhergestellt. [...]

Ich habe das Chaos in Deutschland überwunden, die Ordnung wiederhergestellt, die Produktionen auf allen Gebieten unserer nationalen Wirtschaft ungeheuer gehoben, durch äußerste Anstrengungen für die zahlreichen uns fehlenden Stoffe Ersatz geschaffen, neuen Erfindungen die Wege geebnet, das Verkehrsleben entwickelt, gewaltige Straßen in Bau gegeben. Ich habe Kanäle graben lassen, riesenhafte neue Fabriken ins Leben gerufen und mich dabei bemüht, auch den Zwecken der sozialen Gemeinschaftsentwicklung, der Bildung und der Kultur meines Volkes zu dienen.

Es ist mir gelungen, die uns alle so zu Herzen gehenden 7 Millionen Erwerbslosen restlos wieder in nützliche Produktionen einzubauen, den deutschen Bauern trotz aller Schwierigkeiten auf seiner Scholle zu halten und diese selbst zu retten. [...].

Um den Bedrohungen durch eine andere Welt vorzubeugen, habe ich das deutsche Volk nicht nur politisch geeint, sondern auch militärisch aufgerüstet, und ich habe weiter versucht, jenen Vertrag Blatt um Blatt zu beseitigen, der in seinen 448 Artikeln die gemeinste Vergewaltigung enthält, die jemals Völkern und Menschen zugemutet worden ist.

Ich habe die uns 1919 geraubten Provinzen dem Reich wieder zurückgegeben, ich habe Millionen von uns weggerissener, tiefunglücklicher Deutscher wieder in die Heimat geführt, ich habe die tausendjährige historische Einheit des deutschen Lebensraums wiederhergestellt, und ich habe, Herr Präsident mich bemüht, dieses alles zu tun, ohne Blut zu vergießen und ohne mein Volk oder anderen daher das Leid des Krieges zuzufügen.

[...] In diesem Sinne können daher Ihre Besorgnisse und Anregungen einen viel größeren und weiteren Raum umspannen als die meinen. Denn meine Welt Herr, Herr Präsident Roosevelt, ist die, in die mich die Vorsehung gesetzt hat, und für die ich daher zu arbeiten und verpflichtet bin. Sie ist räumlich viel enger. Sie umfaßt nur mein Volk. Allein ich glaube, dadurch noch am ehesten dem zu nützen, was uns allen am Herzen liegt:

der Gerechtigkeit, der Wohlfahrt, dem Fortschritt und dem

Frieden der ganzen menschlichen Gemeinschaft![52]

5.2 Res Gestae Divi Augusti

Im Folgenden werden nun Ausschnitte aus dem Tatenbericht von Augustus aufgeführt, die meiner Meinung nach Ähnlichkeiten zu Hitlers Ansprache aufweisen und somit als Grundlage des Rechenschaftsberichtes von 1939 gedient haben könnten.

„[1] Im Alter von neunzehn Jahren stellte ich aus Eigeninitiative und auf eigene Kosten ein Heer auf, durch welches ich den Staat, der von der Tyrannei einer politischen Partei unterdrückt worden war, in Freiheit setzte. Deswegen nahm mich der Senat ehrenvollen Beschlüssen in seine Reihe auf, teilte mir im Jahre des Konsulats von Gaius Pansa und Aulus Hirtius eine konsularische Stellung zur Abstimmung zu und übertrug mir den militärischen Oberbefehl.[...]

[2] Diejenigen, die meinen Vater getötet haben, verstieß ich ins Exil, rächte deren Verbrechen mit gesetzmäßigen Urteilen und besiegte sie hinterher, als sie den Staat mit Krieg überzogen, zweimal in einer Schlacht.

[3] Oft führte ich Kriege, Bürgerkriege und auswärtige, zu Lande und zu Wasser auf dem ganzen Erdkreis und als Sieger schonte ich alle Bürger, die um Gnade baten. Die ausländischen Stämme, denen ich sicher verzeihen konnte, bewahrte ich lieber als sie zu vernichten. Etwa 500.000 römische Bürger leisteten einen Treueeid auf mich ab. Von diesen habe ich weit mehr als 300.000 in Kolonien übergesiedelt oder in ihre Munizipien, sobald sie ausgedient hatten, zurückgesendet, und all diesen teilte ich Land zu oder gab ihnen Geld als Lohn für den Kriegsdienst. [...]

[6] Unter dem Konsulat von Marcus Vinicius und Quintus Lucretius und später unter Publius Lentulus und Gnaeus Lentulus und zum dritten Mal unter Paullus Fabius Maximus und Quintus

---

52 Hitler 1939 in: https://zeitundzeugenarchiv.wordpress.com/2017/04/28/adolf-hitler-antwortet-roosevelt-in-der-reichstagsrede-vom-28-april-1939/ (Stand 30.06.2018).

Tubero, als der Senat und das römische Volk einstimmig beschlossen, mich allein zum Aufseher über Gesetze und Sitten mit höchster Amtsgewalt zu ernennen, nahm ich kein mir angetragenes Amt an, das gegen die Sitte der Vorfahren verstieß. [...]

[25] Das Meer habe ich von den Räubern befriedet. Fast 30.000 in diesem Krieg gefangen genommene Sklaven, die von ihren Herren geflohen waren und Waffen gegen den Staat ergriffen hatten, überließ ich zur Bestrafung ihren Herren. Ganz Italien schwor freiwillig auf meine Worte und forderte ausdrücklich mich als Führer für den Krieg, in welchem ich bei Actium gesiegt habe. Die Provinzen Galliens und Spaniens, Afrika, Sizilien und Sardinien schworen auf dieselben Worte. [...]

28] Ich legte Soldatenkolonien in Afrika, auf Sizilien, in Makedonien, in beiden Teilen Spaniens, in Achaja, Asien, Syrien, in Gallia Narbonensis und Pisidia an. Italien hingegen hielt 28 auf mein Geheiß hin gegründete Kolonien, die zu meinen Lebzeiten äußerst berühmt und sehr stark bevölkert waren.

[29] Mehrere durch andere Offiziere verlorene Feldzeichen holte ich aus Spanien, Gallien und Dalmatien zurück, nachdem ich die Feinde völlig besiegt hatte. Die Parther habe ich gezwungen, mir Beute und Feldzeichen von drei römischen Legionen wiederzugeben und demütig flehend die Freundschaft des römischen Volk zu erbitten. [...]

35. Als ich mein dreizehntes Konsulat verwaltete, gaben mir der Senat, der Ritterstand und das römische Volk einmütig den Titel Vater des Vaterlandes. Sie beschlossen, dies solle inschriftlich verzeichnet werden in der Vorhalle meines Hauses sowie in der Curia Julia und auf dem Augustusforum auf der Basis des Viergespanns, das mir dort auf Senatsbeschluß hin errichtet worden war. Während ich dies schreibe, bin ich in meinem 76. Lebensjahr.

[Zusätze:]

2. An neuen Bauwerken ließ er errichten die Tempel des Mars, des Juppiter Tonans und Feretrius, des Apollo, des vergöttlichten Julius, des Quirinus, der Minerva, der Juno Regina, des Juppiter Libertas, der Laren, der göttlichen Penaten, der Juventas, der Magna Mater, das Lupercal, das Heiligtum beim Circus, die Kurie mit dem Chalcidicum, das Augustusforum, die Basilica Julia, das Marcellustheater, die Octavische Säulenhalle, den Caesarenhain jenseits des Tiber.

3. Wiederhergestellt hat er das Kapitol und 82 Heiligtümer, das Pompeiustheater, die Wasserleitungen und die Via Flaminia."[53]

5.3 Vergleich

Wenn man die beiden Schriften miteinander vergleicht fällt sofort der ähnliche Schreibstil auf. Auch der Archäologe Günter Grimm weist auf den gleichen Tonfall

53 Augustus, Res Gestae. Tatenbericht (Monumentum Ancyranum), hrsg. übers. von M. Giebel, Stuttgart 1980.

und Duktus der beiden Schriften hin.[54] Sowohl Augustus als auch Hitler sind sehr von sich als Kaiser bzw. Führer ihres Volkes überzeugt. Sie beschreiben sich als friedliebend und betrachten sich als hervorragende Persönlichkeiten, die nur das Beste für ihr Volk wollen und auch erreicht haben. Zudem finden sich viele inhaltliche Parallelen. Beide beschreiben sich als Aufsteiger, die aus eigener Kraft die Führung übernommen haben, um das Chaos zu beenden und wieder Ordnung herzustellen. Sie benennen ausführlich ihre Erfolge und unterstreichen damit ihre Führungsqualitäten. Ihr eigenes Handeln wird in keinem Satz selbstkritisch hinterfragt und es werden keine alternativen Möglichkeiten, außer ihre eigenen getroffenen Entscheidungen, aufgezeigt. Sie erheben also beide den Anspruch, dass ihr Lebenswerk noch lange in der Geschichte bestehen wird. Folgende inhaltliche Parallelen werden nun im Detail behandelt:

Direkt zu Beginn spricht Hitler seinen Werdegang zum Führer des deutschen Volkes an. Hitler führte an, dass ihm Dank seiner Vorsehung gelungen sei, als *„einstiger unbekannter Soldat des Krieges zum Führer [seines][…] heißgeliebten Volkes emporzusteigen."*[55] August unterstrich ebenfalls seine noch damals unbedeutende Rolle, indem er auf sein Alter von 19 Jahren verweist. Er schreibt: *„Im Alter von neunzehn Jahren stellte ich aus Eigeninitiative und auf eigene Kosten ein Heer auf, durch welches ich den Staat, der von der Tyrannei einer politischen Partei unterdrückt worden war, in Freiheit setzte."*[56] Anders als Hitler betont Augustus seine Eigeninitiative, während Hitler sich auf sein Schicksal beruft. Sowohl Augustus als auch Hitler bedienen sich in ihren Texten stilistischer Mittel zur Selbstdarstellung. Augustus und Hitler heben beide den Abstand zwischen ihrer damaligen Stellung als junger Mann und derjenigen, die sie zum Zeitpunkt des Verfassens der Texte inne hatten, hervor. Diese Hervorhebung bewirkt, dass beide durch ihre steile Karriere noch größer wirken. Die Wirkung von Hitlers beschriebener eigener Vorsehung bzw. Augustus dargestellter Eigeninitiatives auf den/die Hörer/in oder Leser/in ist nahezu identisch.

Auch die Inhalte des zweiten Abschnitts der Res Gestae finden sich in Hitlers Ansprache wieder. Augustus beschreibt dort seine Rache an den Verbrechern, die

---

54 Vgl. Grimm 2002, 207.
55 Hitler 1939.
56 Augustus, 1.

19

damals seinen Vater getötet haben. Er verstieß sie *„ins Exil, rächte deren Verbrechen mit gesetzmäßigen Urteilen [...] [und] besiegte sie hinterher zweimal in der Schlacht."[57]* Hitler äußert sich, er habe nur wiederherstellen wollen, *„was andere einst mit Gewalt zerbrochen hatten [und er wolle] nur wiedergutmachen, was satanische Bosheit oder menschliche Unvernunft zerstörten oder verdarben."[58]* Des Weiteren betont Hitler seinen Versuch *„jenen Vertrag Blatt um Blatt zu beseitigen, der in seinen 448 Artikeln die gemeinste Vergewaltigung enthält, die jemals Völkern und Menschen zugemutet worden ist."[59]* Genauso wie Augustus berichtet auch Hitler von dem großen Unrecht, das ihm und dem deutschen Volk widerfahren sei und wie er wieder für Gerechtigkeit sorge. Der Verrat und die Ermordung Caesars werden von Hitler mit dem Versailler Vertrag als Vergewaltigung des deutschen Volkes gleichgesetzt.

Adolf Hitler hatte für Massen von Arbeitslosen zu sorgen, während Augustus sich um die Veteranen seines Heeres kümmern musste. Auch hier versuchte Hitler einen direkten Bezug zu Augustus herzustellen. Im Abschnitt 28 der Res Gestae von Augustus steht: *„ Ich legte Soldatenkolonien in Afrika, auf Sizilien, in Makedonien, [...] Italien hingegen hielt 28 auf mein Geheiß hin gegründete Kolonien, die zu meinen Lebzeiten äußerst berühmt und sehr stark bevölkert waren."[60]* Des Weiteren schreibt Augustus: *„Von diesen habe ich weit mehr als 300.000 in Kolonien übergesiedelt oder in ihre Munizipien, sobald sie ausgedient hatten, zurückgesendet, und all diesen teilte ich Land zu oder gab ihnen Geld als Lohn für den Kriegsdienst."[61]* Im Rechenschaftsbericht Hitlers steht: *„Es ist mir gelungen, die uns alle so zu Herzen gehenden 7 Millionen Erwerbslosen restlos wieder in nützliche Produktionen einzubauen, den deutschen Bauern trotz aller Schwierigkeiten auf seiner Scholle zu halten und diese selbst zu retten."[62]* Besonders der zweite Abschnitt von Augustus scheint Hitler inspiriert zu haben, da auch Hitler wie Augustus die Zahl der zu Versorgenden explizit nochmal genannt hat.

57 Augustus, 2.
58 Hitler 1939.
59 Hitler 1939.
60 Augustus, 28.
61 Augustus, 3.
62 Hitler 1939.

Auch der Sinngehalt des sechsten Abschnitts der Res Gestae findet sich in der Reichstagsrede Hitlers wieder. Augustus verweist darauf, dass er in seinem Handeln niemals *„gegen die Sitte der Vorfahren verstieß."*[63] In der Ansprache Hitlers steht, Hitler habe *„keinen Schritt vollzogen, der fremde Rechte verletzte, sondern nur das vor Jahren verletzte Recht wiederhergestellt."*[64] Sowohl Hitler, als auch Augustus, betonen hier ganz deutlich ihr rechtmäßiges Handeln, indem sie durch ihr Handeln gegen kein geltendes Recht verstoßen haben.

Im 29. Abschnitt weist Augustus auf seine militärischen Erfolge in Spanien und Gallien hin. Augustus schreibt: *„Mehrere durch andere Offiziere verlorene Feldzeichen holte ich aus Spanien, Gallien und Dalmatien zurück, nachdem ich die Feinde völlig besiegt hatte. Die Parther habe ich gezwungen, mir Beute und Feldzeichen von drei römischen Legionen wiederzugeben und demütig flehend die Freundschaft des römischen Volk zu erbitten."*[65] Auch Hitler sah hier die Chance seine militärischen Erfolge bzw. Gebietserweiterungen ähnlich in Szene zu setzen. Hitler sagte: *„Ich habe die uns 1919 geraubten Provinzen dem Reich wieder zurückgegeben, ich habe Millionen von uns weggerissener, tiefunglücklicher Deutscher wieder in die Heimat geführt, ich habe die tausendjährige historische Einheit des deutschen Lebensraums wiederhergestellt."*[66] Die Ähnlichkeiten des Schreibstils sowie die inhaltlichen Parallelen kommen auch an dieser Stelle besonders deutlich zum Ausdruck.

Im Zusatz der Res Gestae werden die von Augustus in Auftrag gegebenen Bauwerke, Errungenschaften usw. aufgeführt. Auch hier wird Augustus als Kaiser ins rechte Licht gerückt. Im Zusatz steht: *„An neuen Bauwerken ließ er errichten die Tempel des Mars, des Juppiter Tonans und Feretrius, des Apollo, des vergöttlichten Julius, des Quirinus, der Minerva, der Juno Regina, des Juppiter Libertas, der Laren, der göttlichen Penaten, der Juventas, der Magna Mater, das Lupercal, das Heiligtum beim Circus, die Kurie mit dem Chalcidicum, das Augustusforum, die Basilica Julia, das Marcellustheater, die Octavische Säulenhalle, den Caesarenhain jenseits des Tiber Wiederhergestellt hat er das*

63 Augustus, 6.
64 Hitler 1939.
65 Augustus, 29.
66 Hitler 1939.

Kapitol und 82 Heiligtümer, das Pompeiustheater, die Wasserleitungen und die Via Flaminia.. "[67] Hitlers Ausführungen klingen kaum weniger beeindruckend: *„Ich habe das Chaos in Deutschland überwunden, die Ordnung wiederhergestellt, die Produktionen auf allen Gebieten unserer nationalen Wirtschaft ungeheuer gehoben, durch äußerste Anstrengungen für die zahlreichen uns fehlenden Stoffe Ersatz geschaffen, neuen Erfindungen die Wege geebnet, das Verkehrsleben entwickelt, gewaltige Straßen in Bau gegeben. Ich habe Kanäle graben lassen, riesenhafte neue Fabriken ins Leben gerufen und mich dabei bemüht, auch den Zwecken der sozialen Gemeinschaftsentwicklung, der Bildung und der Kultur meines Volkes zu dienen.* "[68]

6. Abschlussbetrachtung

Von den Auswirkungen der Niederlage Deutschlands im ersten Weltkrieg war auch die deutsche Althistorik betroffen. Die Hoffnung, die wieder verloren geglaubte Würde zurückzuerlangen und der Traum, erneut die Chance zu haben eine Vormachtstellung in Europa einzunehmen, waren durch den Versailler Vertrag in weite Ferne gerückt. Mit dem Aufstieg des Nationalsozialismus haben viele bedeutende Vertreter der Altertumswissenschaften große Hoffnungen auf den neuen „starken Mann" gesetzt und bekannten sich zu ihm.[69] Sie sahen in ihm die Chance, die Schmach nach dem ersten Weltkrieg hinter sich zu lassen und mit einem Deutschland unter Hitler auch wieder den Altertumswissenschaften eine neue Bedeutung zukommen zu lassen. Nach einer Rede über die Varusschlacht beendete der Althistoriker Kornemann seine Ansprache mit folgenden Worten: „Es ist deutsches Schicksal, daß unsere Geschichte seit zwei Jahrtausenden nach jeweils viel verheißendem Auftakt immer wieder als Tragödie endet, weil in Deutschland wirkliche Realpolitiker nun einmal weiße Raben sind und das reiche Gemütsleben des Volkes den kalt berechnenden Verstand, wie er bei unseren Nachbarn allein Politik macht, nicht genügend zur Herrschaft kommen läßt.

67 Augustus, Zusätze 2-3.
68 Hitler 1939.
69 Grimm 2002, 205.

Möchte das doch endlich in unserem neuen nationalen Staat dank der Genialität Adolf Hitlers anders werden! Darauf ruht die Hoffnung aller deutschen Männer und Frauen von heute und morgen."[70] Hitler wurde demnach in der Althistorik als Hoffnungs- und Heilsträger angesehen, der Deutschland wieder nach vorne bringen sollte.

Das Bild von Kaiser Augustus in der Althistorik veränderte sich drastisch nach der Zeit der Weimarer Republik. Zur Weimarer Zeit wurde vor allem das von Augustus geschaffene Prinzipat stark kritisiert, weil es nach der Meinung vieler Althistoriker durch die Machtaufteilung auf Senat und Princeps stark eingeschränkt war. Des Weiteren wurden aber auch seine brutale Vorgehensweisen zur Machtergreifung, seine militärischen Niederlagen und sein sehr freizügiges Privatleben negativ hervorgehoben. Diese Einstellungen änderten sich bei viele Althistorikern schlagartig, nachdem Adolf Hitler die politische Bühne in Deutschland betreten hatte. Von da an wurde Augustus als Ideal eines Herrschers verstanden und viele vor ein paar Jahren veröffentlichte wissenschaftliche Arbeiten, die die Herrschaft von Kaiser Augustus kritisch bzw. negativ thematisiert hatten, wurden nunmehr ignoriert oder nicht mehr aufgegriffen. Das von den Althistorikern geschaffene heroische Bild von Augustus wurde in der Althistorik zunehmend auf Adolf Hitler zugeschnitten, um Hitler als Nachfolger von Augustus stilisieren zu können.

Die Ausgangslage dafür war günstig, weil nicht von der Hand zu weisen ist, dass es durchaus reale Parallelen zwischen Hitler und Augustus gibt. Zum Beispiel galt Hitler in einem beachtlichen Teil der deutschen Bevölkerung als Hoffnungsträger, der Deutschland wieder von den Wirren der Weimarer Republik befreien sollte, wie auch einst Augustus das römische Volk von der Wirren der tobenden Bürgerkriege erlöst hatte.[71] Des Weiteren orientierte sich Hitler selbst in seinem politischen Handeln an der von Augustus geschaffenen Res Publica. Das bedeutet Adolf Hitler versuchte Augustus bereits nachzuahmen, sodass sich zwangsläufig Parallelen zwischen Hitler und Augustus auftun. Dies erkennt man vor allem an der Machtorganisation in der NSDAP und im späteren NS-Staat. Denn die Res Publica „lieferte für Hitler das vollendete Beispiel der von Hitler so gelobten

70 Kornemann 1934, 143.
71 Grimm 2002, 205.

23

germanischen Demokratie."[72] Zudem führten Augustus und Hitler verlorene Gebiete wieder ihrem Herrschaftsbereich zu, erweiterten den Lebensraum, betonten ihre Friedensfähigkeit und erweckten zumindest den Anschein, die Wirtschaft wieder anzukurbeln. Bei diesen Betrachtungen ist jedoch nicht außer Acht zu lassen, dass sich diese Vorgehensweisen bei vielen vorherigen Herrschern wiederfinden lassen. Schließlich gehörten diese Aufgaben nach dem damaligen Volksverständnis zu den grundlegenden Pflichten eines Staatsoberhauptes. Zudem sind dies meiner Meinung nach relativ weit gefasste Vergleiche, die eine direkte Ahnenverwandtschaft zwischen Hitler und Augustus in keinster Weise rechtfertigen. Indem die Althistoriker versuchten, eine Ahnenverwandtschaft zwischen Hitler und Augustus aufzuzeigen, wollten sie entweder ihre eigene Überzeugung von dieser Ideologie kundtun oder sie verfolgten das Ziel, der Altertumswissenschaft auch eine Zukunft im NS-Staat zu ermöglichen.

Vor dem Hintergrund, dass die Althistoriker Kornemann und Weber bereits ab 1934 Hitler in direkten Bezug mit Kaiser Augustus herstellen und Hitler auch davon Kenntnis genommen hat, wird nun diskutiert, inwieweit die Reichstagsrede Hitlers von 1939 ein Plagiat an Augustus darstellt.

Anhand des Vergleichs lässt sich feststellen, dass auf den ersten Blick keine großen Parallelen zu erkennen sind. Dieser Trugschluss rührt daher, dass zwischen den Res Gestae und der Reichstagsrede 1.926 Jahre liegen. Während Augustus vom Kampf mit Piraten und der Ausrichtung von Gladiatorenkämpfen berichtet, spricht Hitler eben vom Kampf gegen den Versailler Vertrag und wie er die Autobahn erbauen ließ. Doch letztendlich sind die Inhalte sehr ähnlich. Man könnte der Auffassung sein, Hitler habe mit seiner Reichstagsrede die Res Gestae neu interpretiert. Jedoch lässt sich ein solcher Schluss nach meiner Meinung nicht ziehen, da Hitler sich viel zu nah am Grundgerüst der Res Gestae orientiert. Eigentlich passt Hitler lediglich die Passagen der Res Gestae, die auf das 20. Jahrhundert angewendet werden können, auf seine eigene Situation an. Dadurch sind die beiden Quellen neben dem gemeinsam selbst verherrlichendem Unterton, und deren Inhalte in den oben aufgeführten Passagen nahezu evident. Hitler hat den propagandistischen Wert der Res Gestae bei seinem Staatsbesuch Roms 1938

---

72 Chapoutot, 2014, 244.

direkt erkannt und mit seiner Reichstagsrede die historische Quelle von Augustus perfekt auf seine Zeit angepasst, um genauso erfolgreich in seinem Schaffen wie Augustus zu wirken. Meiner Meinung nach kann man eine historische Quelle nicht besser propagandistisch ausschlachten.

Doch wie in der Einleitung dieser Hausarbeit bereits angedeutet, waren Hitler und Augustus spätestens im Tode grundverschieden. Augustus hinterließ ein Weltreich, das noch viele Jahrhunderte überdauerte, während Hitlers Reich nur wenige Tage nach seinem Selbstmord zusammenbricht und für immer von der Bildfläche verschwindet. Dieser Umstand führt die „wissenschaftlichen Ausarbeitungen" in der Althistorik, die das Prinzipat des Augustus mit dem NS-Staat in eine direkte Verbindung bringen, ad absurdum und ihnen werden heute völlig zurecht keinerlei wissenschaftliche Bedeutung mehr zugesprochen.

6. Literaturverzeichnis

- Bengtson, H., Gedenkblatt für Ernst Kornemann, München 1974.

- Bleicken, J., Verfassungs- und Sozialgeschichte des Römischen Kaiserreichs, Paderborn 1981.

- Chapoutot, J., Der Nationalsozialismus und die Antike, Darmstadt 2014.

- Flaig, E., Stabile Monarchie – sturzgefährdeter Kaiser. Überlegungen zur augusteischen Monarchie, in: E. Baltrusch u. C. Wendt (Hrsg.), Der Erste. Augustus und der Beginn einer neuen Epoche, Darmstadt 2016, 8-16.

- Frankfurter Neue Presse (Martin Zimmermann): Historiker über Kaiser Augustus. „Man hat ihn auch Blutsäufer genannt" (19.08.2014) Abgerufen von www.fnp.de/nachrichten/kultur/MAN-hat-ihn-auch-Blutsäufer-genannt;art679,991459 (Stand 13.09.2018).

- Grimm, G., «Mein Kampf» und «Meine Taten» Hitlers «Rechenschaftsbericht» und die «Res Gestae» des Kaisers Augustus, Antike Welt Vol. 33, No. 2 (2002), 205-209.

- Kornemann, E., Die erste Befreiungstat des deutschen Volkes (Varusschlacht), in: Dieterich, Staaten, Völker, Männer. Aus der Geschichte des Altertums, Leipzig 1934, 143.

- Kornmann, E., Augustus. Der Mann und sein Werk, Leipzig 1937.

- Neue Zürcher Zeitung (o.A.): Adolf Hitler. Bewunderer der Römer. (04.08.2002) Abgerufen von https://www.nzz.ch/article8B958-1.413826 Stand: (28.06.2018).

- Platen, H.-P., Augustus – Prinzipat und Herrscherbild bei Zeitgenossen und Nachwelt, Hannover 2002.

- Schlange-Schöningen, H., Augustus, Darmstadt ²2012.

- Scriba, F., Augustus im Schwarzhemd? Die Mostra Augustea della Romanità in Rom 1937/38, Frankfurt am Main 1995 (Band 2).

- Stahlmann, I. Imperator Caesar Augustus. Studien zur Geschichte des Principatsverständnisses in der deutschen Altertumswissenschaft bis 1945, Darmstadt 1988

- Weber, W., Römische Geschichte bis zum Zerfall des Weltreiches, in: W. Andreas (Hrsg.), Die Neuen Propyläen Weltgeschichte. I, Berlin 1940, 273-372.

7. Quellenverzeichnis

- Augustus, Res Gestae. Tatenbericht (Monumentum Ancyranum), hrsg. übers. von M. Giebel, Stuttgart 1980.

- Hitler, A., Der Führer antwortet Roosevelt – Reichstagsrede vom 28. April 1939, München 1939 in: https://zeitundzeugenarchiv.wordpress.com/2017/04/28/adolf-hitler-antwortet-roosevelt-in-der-reichstagsrede-vom-28-april-1939/ (Stand 30.06.2018).

- Sueton, Vita Divi Augusti, hrsg. übers. von À. Lambrecht, München 1972.

BEI GRIN MACHT SICH IHR WISSEN BEZAHLT

- Wir veröffentlichen Ihre Hausarbeit, Bachelor- und Masterarbeit

- Ihr eigenes eBook und Buch - weltweit in allen wichtigen Shops

- Verdienen Sie an jedem Verkauf

Jetzt bei www.GRIN.com hochladen und kostenlos publizieren